Come

Guadagnare

con i

Low Content Book

Una Guida per l'Editoria a Basso Contenuto

Francesco Luca Giovanni

FLG 1967

DISCLAIMER

L'autore, insieme a eventuali curatori ed editori di questa opera, desidera precisare che non può garantire la completa e assoluta precisione delle informazioni contenute in quest'opera. In nessun caso potranno essere ritenuti responsabili per eventuali danni derivanti dalla fiducia riposta dai lettori nella veridicità delle informazioni qui presentate.

Si fa presente che il contenuto di questo libro potrebbe includere occasionali inesattezze, imprecisioni, errori tipografici o di battitura. L'obiettivo principale di queste pagine è quello di fornire informazioni ed intrattenimento, senza alcuna intenzione di offendere cose o persone. Tuttavia, se dovesse emergere qualsiasi offesa o errore, vi preghiamo cortesemente di avvisarci, così da consentirci di apportare correzioni e rettifiche nell'opera nel più breve tempo possibile.

I nomi di persone, prodotti o società citati all'interno del testo possono essere marchi di proprietà dei rispettivi titolari o marchi registrati di altre società. Tali menzioni sono state utilizzate esclusivamente a scopo esplicativo e a beneficio dei lettori e fruitori dell'opera, senza alcuna finalità commerciale o di violazione dei diritti di copyright vigenti.

Indice contenuti

Cosa Troverai in Questo Libro

- *Un'Introduzione Chiara all'Editoria Low Content*: Se sei nuovo a questo mondo, inizieremo con una panoramica completa, spiegando cos'è l'editoria a basso contenuto e perché è così promettente per i creatori online.

- *Come Identificare la Tua Nicchia di Mercato*: La chiave per il successo nell'editoria low content è individuare la giusta nicchia di mercato. Ti guiderò attraverso il processo di selezione della nicchia più adatta alle tue passioni e ai tuoi obiettivi finanziari.

- *Creazione di Contenuti di Alta Qualità*: Scoprirai come creare quaderni, planner, diari e altri low content book che cattureranno l'attenzione dei tuoi potenziali clienti. Troverai risorse e consigli per aiutarti a produrre contenuti di qualità superiore.

- *Pubblicazione e Distribuzione Efficace*: Passo dopo passo, ti spiegherò come pubblicare i tuoi low content book sulle principali piattaforme di self-publishing e come stabilire prezzi competitivi.

- *Strategie di Marketing Collaudate*: Il successo non si limita alla creazione, ma anche alla promozione. Condividerò strategie di marketing online per aiutarti a raggiungere un pubblico più vasto e aumentare le tue vendite.

- *Gestione Aziendale e Ottimizzazione*: Imparerai a gestire il tuo business di editoria a basso contenuto in modo efficiente, a monitorare le performance e a scalare il tuo successo.

- *Risorse e Consigli Avanzati*: Ti fornirò una lista di risorse e strumenti utili, insieme a consigli avanzati per massimizzare i profitti e affrontare le sfide comuni.

- *Il Futuro dell'Editoria a Basso Contenuto*: Esploreremo le tendenze emergenti in questo settore in continua evoluzione e le opportunità che si profilano all'orizzonte.

Questo libro è stato scritto con l'intento di essere una guida pratica e accessibile per chiunque desideri entrare nel mondo dell'editoria a basso contenuto. Che tu sia un aspirante scrittore, un creativo o un imprenditore digitale, troverai in queste pagine gli strumenti e le informazioni necessari per iniziare il tuo viaggio nell'editoria low content con fiducia. Preparati a esplorare un mondo di opportunità, a sbloccare il tuo potenziale di guadagno online e a iniziare a creare libri di successo senza mai scrivere una riga di testo. Benvenuti nell'entusiasmante universo dei Low Content Book!

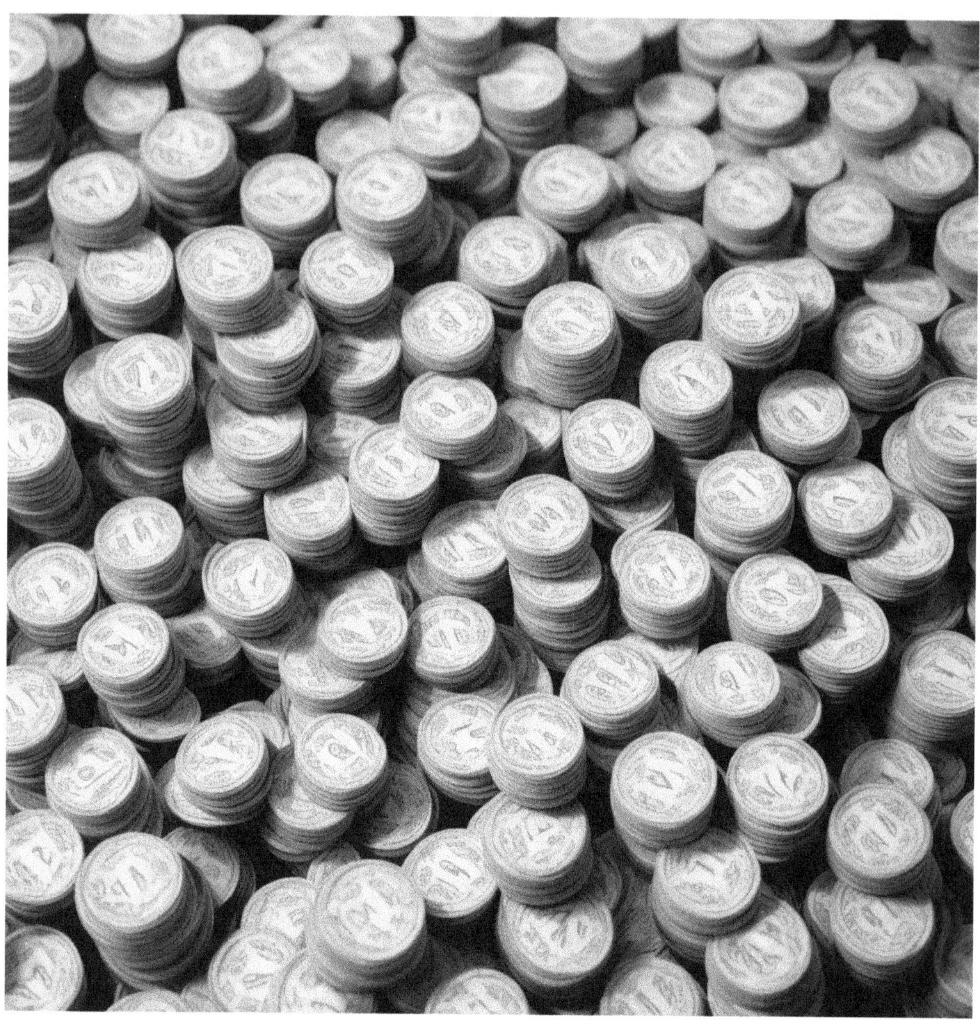

CAPITOLO 1

Introduzione all' Editoria Low Content

Definizione di Low Content Book

I "Low Content Book", o libri a basso contenuto, costituiscono una categoria editoriale straordinariamente peculiare, che si contraddistingue per la loro semplicità e l'assenza di testo complesso. Questi libri sono concepiti principalmente per consentire agli acquirenti di inserire o annotare informazioni personali, quali appunti, pensieri, programmi, obiettivi o disegni. La loro gamma è sorprendentemente ampia, spaziando tra quaderni, planner, diari, album fotografici, libri da colorare e una miriade di altre forme creative. Ciò che accomuna queste opere è la loro ineguagliabile versatilità, che permette di personalizzarle per rispondere in modo puntuale alle esigenze individuali. Perché l'editoria a basso contenuto rappresenta un'opportunità di business allettante.

L'editoria a basso contenuto si è rivelata un'opportunità di business estremamente allettante per una molteplicità di ragioni. Di seguito, ne elenchiamo alcune delle più rilevanti:

1. ***Accessibilità***: Non è necessario essere autori professionisti o possedere competenze avanzate in scrittura per intraprendere un percorso nel mondo dei libri a basso contenuto. Questa è una opportunità accessibile a chiunque abbia una vena creativa e uno spirito imprenditoriale.

2. ***Costi di produzione contenuti***: La produzione di libri a basso contenuto richiede investimenti minimi, in termini di materiali e strumenti. È possibile cominciare con un budget modesto e incrementare gli investimenti man mano che l'attività cresce.

3. ***Ampio pubblico di riferimento***: I low content book possono essere indirizzati a una varietà di fasce d'età, dai bambini agli adulti. Hai la possibilità di specializzarti in nicchie specifiche o di creare prodotti generici in grado di attrarre un pubblico più ampio.

4. ***Mercato in costante crescita***: Il mercato dei low content book è in continua espansione. Le persone sono costantemente alla ricerca di modalità creative per esprimersi, tracciare le proprie attività o concedersi una pausa tramite il disegno e la scrittura. Questo mercato offre un'ampia gamma di opportunità di vendita.

5. ***Opportunità di personalizzazione***: I clienti amano la possibilità di personalizzare i loro libri a basso contenuto. Hai la possibilità di offrire servizi di personalizzazione per aumentare il valore dei tuoi prodotti.

La crescita inarrestabile del mercato dei libri a basso contenuto

Negli ultimi anni, il mercato dei libri a basso contenuto ha sperimentato un'espansione straordinaria. Questo incremento è stato alimentato dalla proliferazione delle piattaforme di autopubblicazione online, dalla crescente popolarità del lavoro remoto e dalla crescente voglia di espressione creativa individuale. L'editoria a basso contenuto è ora una delle alternative più promettenti per coloro che cercano di guadagnare online.

Inoltre, questo mercato è in continua evoluzione, con nuove tendenze e innovazioni che aprono ulteriori opportunità per gli imprenditori. Nel corso di questo libro, esploreremo le strategie e le tattiche fondamentali per ottenere successo in questo affascinante universo dell'editoria a basso contenuto.

CAPITOLO 2

Identificare la Tua Nicchia di Mercato
per i Tuoi Low Content Book

L'identificazione di una nicchia di mercato redditizia è un pilastro fondamentale per garantire il successo dei tuoi low content book. In questo capitolo, esploreremo in dettaglio come selezionare una nicchia adeguata, condurre una ricerca di mercato efficace e identificare in modo approfondito le esigenze dei tuoi potenziali clienti.

Passo 1: Scegliere la Nicchia Giusta per i Tuoi Low Content Book

La scelta della nicchia giusta rappresenta il primo, cruciale passo verso il successo nell'editoria a basso contenuto. Per fare ciò, dovresti seguire alcuni passaggi chiave:

1. *Le tue passioni e competenze*: Inizia il processo di selezione riflettendo sulle tue passioni e competenze personali. Chiediti cosa ti appassiona e in cosa sei competente. Ad esempio, se il fitness è la tua

passione, potresti considerare la creazione di low content book legati all'allenamento o alla nutrizione.

2. *Ricerca di mercato*: Utilizza una varietà di strumenti di ricerca di mercato, come Google Trends, Amazon Best Sellers, e il Keyword Planner di Google, per scoprire quali argomenti sono attualmente in tendenza e popolari. Questi strumenti ti aiuteranno a individuare le opportunità di mercato e a comprendere meglio le dinamiche in atto.

3. *Analisi della Concorrenza*: Prima di impegnarti completamente in una nicchia, esegui un'analisi dettagliata della concorrenza. Cerca di capire quanti concorrenti operano in quella nicchia e quanto sia competitivo il mercato. Ricorda che una nicchia troppo satura potrebbe rendere difficile la tua penetrazione.

4. *Pubblico Target*: Per avere successo nella tua nicchia scelta, devi avere una comprensione chiara del tuo pubblico target. Questo richiede una ricerca approfondita per capire chi sono i tuoi potenziali clienti, quali sono i loro interessi e quali sono le loro esigenze.

Passo 2: Ricerca di Mercato e Analisi della Concorrenza

Una ricerca di mercato approfondita è essenziale per prendere decisioni informate e strategiche. Ecco come puoi procedere:

1. *Identifica le Parole Chiave*: Utilizza strumenti SEO per identificare le parole chiave rilevanti per la tua nicchia. Questo ti darà un'idea precisa di cosa le persone stanno cercando online e ti aiuterà a definire meglio i contenuti dei tuoi low content book.

2. *Analizza i Competitor*: Studia attentamente i tuoi principali concorrenti nella nicchia scelta. Esamina i loro prodotti, il loro stile di marketing e, soprattutto, le recensioni dei clienti. Questa analisi ti fornirà preziose informazioni su ciò che funziona nel tuo settore e su come puoi distinguerti.

3. *Questionari e Sondaggi*: Se possibile, conduci sondaggi o questionari per raccogliere feedback diretti dai potenziali clienti. Questa interazione diretta ti consentirà di comprendere meglio le loro esigenze, preferenze e desideri.

Passo 3: Identificare le Esigenze dei Tuoi Potenziali Clienti

Una volta selezionata la tua nicchia e condotta una ricerca di mercato dettagliata, è fondamentale approfondire la comprensione delle esigenze dei tuoi potenziali clienti. Ecco come farlo:

1. *Analizza le Recensioni*: Analizza attentamente le recensioni dei prodotti simili presenti nella tua nicchia. Spesso, troverai suggerimenti e commenti dei clienti che indicano cosa vorrebbero vedere migliorato o cosa ritengono importante.

2. *Partecipa a Gruppi e Forum*: Unisciti a gruppi online e forum dedicati alla tua nicchia. Partecipando attivamente alle discussioni, puoi ottenere una comprensione più approfondita delle sfide e delle esigenze della tua audience. Ciò ti permette di costruire una connessione diretta con il tuo pubblico.

3. *Collabora con Influencer*: Se possibile, considera la possibilità di collaborare con influencer nel tuo settore. Queste figure di riferimento possono offrire preziosi feedback basati sulla loro esperienza con il

17

pubblico, aiutandoti a perfezionare ulteriormente i tuoi low content book.

In conclusione, la scelta della nicchia giusta e la comprensione approfondita delle esigenze del pubblico rappresentano i pilastri fondamentali per il successo dei tuoi low content book. Investire tempo ed energia nella ricerca e nell'analisi ti consentirà di offrire prodotti che risolvano i problemi e soddisfino appieno i desideri dei tuoi clienti potenziali.

CAPITOLO 3

Creare Contenuti di Alta Qualità

Nel capitolo precedente, abbiamo esaminato come identificare la tua nicchia di mercato per i low content book. Ora che hai una chiara comprensione del pubblico a cui vuoi rivolgerti, è il momento di concentrarci sulla creazione di contenuti di alta qualità. In questo capitolo, esploreremo gli strumenti e le risorse necessari per produrre low content book eccezionali, genereremo idee creative per i tuoi progetti e discuteremo l'importanza del design e della formattazione efficace.

Strumenti e Risorse per la Creazione di Contenuti

1. *Software di Grafica*: Uno dei primi strumenti di cui avrai bisogno è un software di grafica. Adobe Photoshop, Adobe Illustrator e Canva sono tra le opzioni più popolari. Puoi utilizzare questi programmi per creare la copertina e il layout delle tue pagine.

2. *Banche Immagini*: Puoi trovare immagini di alta qualità su siti web come Shutterstock, FreePik, Getty Images, Unsplash, Flickr, Libre Stock, Adobe Stock e Pixabay per arricchire i tuoi contenuti. Assicurati di rispettare i diritti d'autore e di ottenere le autorizzazioni necessarie da parte di quest'ultimi.

3. *Font*: La scelta del font giusto può fare la differenza nel design del tuo low content book. Siti come Google Fonts e Font Squirrel offrono una vasta selezione di font gratuiti e di alta qualità.

4. *Template e Modelli*: Per semplificare il processo di creazione, puoi cercare modelli e template predefiniti online. Questi possono aiutarti a risparmiare tempo e assicurarti che il tuo libro abbia un aspetto professionale.

5. *Guide e Tutorial*: Nel vasto mondo dell'apprendimento delle abilità di grafica, puoi contare su una ricca gamma di risorse disponibili online. Guide dettagliate, tutorial approfonditi e preziosi video su YouTube rappresentano solo alcune delle opportunità a tua disposizione per acquisire conoscenze e migliorare le tue competenze nel campo della grafica. Grazie a queste fonti, avrai l'opportunità di

esplorare una varietà di strumenti e tecniche, imparando passo dopo passo come sfruttare al meglio le potenzialità della grafica e portando le tue capacità a nuovi livelli di eccellenza.

Idee Creative per Low Content Books

1. *Diari Tematici*: Crea diari con temi specifici come la gratitudine, la mindfulness, la pianificazione finanziaria o il fitness.

2. *Planner Personalizzati*: Progetta planner settimanali o mensili per specifici obiettivi come la perdita di peso, l'organizzazione della casa o la gestione del tempo.

3. *Quaderni Artistici*: Realizza quaderni con pagine bianche per disegnare, colorare o scrivere, adatti sia agli adulti che ai bambini.

4. *Libri per Attività per Bambini*: Creare libri di attività, come cruciverba, labirinti e giochi di colorazione, per intrattenere i bambini.

5. *Journaling Guidati*: Offri quaderni con domande e spunti per aiutare le persone a esplorare i loro pensieri e sentimenti.

Design e Formattazione Efficace

1. *Copertina Accattivante*: La copertina è la prima cosa che i potenziali acquirenti vedono. Assicurati che sia attraente, rifletta il contenuto del libro e includa il titolo e il tuo nome come autore.

2. *Layout Pulito*: Mantieni il layout delle pagine pulito e ben organizzato. Utilizza spazi vuoti per evitare sovraffollamenti e assicurati che il testo sia leggibile.

3. *Coerenza*: Mantieni uno stile coerente in tutto il tuo libro. Usa gli stessi font, colori e stili grafici per creare una sensazione di coesione.

4. *Proofreading*: Prima di pubblicare il tuo libro, controlla attentamente per errori di ortografia e grammatica. Un libro ben formattato e privo di errori è più professionale.

5. *Conversione in Formato Ebook*: Se desideri offrire il tuo low content book anche in formato digitale, assicurati di convertirlo in un formato compatibile con gli e-reader.

Creare contenuti di alta qualità è fondamentale per il successo dei tuoi low content book. Investi tempo ed energia nella fase di creazione per garantire che i tuoi prodotti soddisfino le aspettative dei tuoi lettori. Nel prossimo capitolo, esamineremo come pubblicare e distribuire i tuoi low content book.

24

CAPITOLO 4

Pubblicazione e Distribuzione

La pubblicazione e la distribuzione dei tuoi low content books sono fondamentali per il successo del tuo business. In questo capitolo, esploreremo dettagliatamente le diverse piattaforme di self-publishing disponibili, il processo di pubblicazione passo dopo passo e le strategie avanzate per determinare il prezzo e aumentare le vendite.

Piattaforme di Self-Publishing: Una Scelta Cruciale

Quando si tratta di pubblicare i tuoi low content books, la scelta della piattaforma giusta è fondamentale. Le piattaforme di self-publishing offrono una varietà di opzioni e servizi, e scegliere quella adatta alle tue esigenze può fare la differenza nel successo del tuo business. Ecco un'analisi più approfondita delle piattaforme più popolari:

- *Amazon KDP* (Kindle Direct Publishing): Amazon KDP è indiscutibilmente una delle piattaforme più utilizzate per la pubblicazione di ebook e paperback. Ciò è dovuto principalmente alla vasta base di clienti di Amazon, che offre un'enorme visibilità ai tuoi libri. La facilità di utilizzo dell'interfaccia di KDP e l'ampia gamma di

servizi e strumenti per gli autori rendono questa piattaforma un punto di partenza eccellente per chiunque desideri autopubblicare.

- Etsy: Se sei un creativo che punta all'arte e all'estetica dei tuoi low content book, Etsy potrebbe essere la scelta perfetta per te. Questa piattaforma di e-commerce si concentra su prodotti artigianali e creativi, offrendo agli autori la possibilità di vendere i propri low content books in formato digitale o stampato. L'unicità di Etsy e la sua community di appassionati di artigianato possono aiutarti a costruire un seguito fedele.

- Lulu: è una soluzione ideale se desideri offrire copie fisiche dei tuoi libri senza dover gestire l'inventario. Questa piattaforma offre servizi di stampa su richiesta e distribuzione, consentendoti di mantenere i costi bassi e di concentrarti sulla creazione di contenuti di alta qualità.

- Altre piattaforme: Non dimenticare che esistono molte altre piattaforme di self-publishing, ciascuna con le proprie caratteristiche e vantaggi unici da valutare attentamente. Ad esempio, Gumroad è noto per la sua flessibilità nel consentire agli autori di stabilire le proprie regole di vendita, Blurb è rinomato per la qualità della stampa, e BookBaby offre un'ampia gamma di servizi per gli autori indipendenti.

Processo di Pubblicazione Passo dopo Passo: Dal Concept al Libro Pronto per il Mercato

Ora che hai una visione più chiara delle molteplici piattaforme disponibili, è il momento di esaminare in maniera più approfondita il processo di pubblicazione dei tuoi low content book. Questo passo è di vitale importanza per garantire che i tuoi libri siano adeguatamente preparati per entrare sul mercato e ottenere successo tra il vasto pubblico di lettori. Per affrontare questo processo in modo efficace, è essenziale comprendere i dettagli e i passaggi coinvolti, dalla creazione del contenuto all'impaginazione, dalla copertina al marketing. Solo attraverso un'analisi attenta e un approccio mirato potrai massimizzare le tue opportunità di successo nel mondo dei low content book.

Preparazione del Contenuto: La Chiave per un Libro di Qualità

La preparazione del contenuto è il primo passo fondamentale nel processo di pubblicazione dei tuoi low content books. Ecco alcuni punti importanti da considerare:

- *Formattazione*: È fondamentale dedicare la giusta attenzione alla formattazione del tuo libro, seguendo scrupolosamente le linee guida specifiche della piattaforma di self-publishing che hai scelto. Una formattazione accurata non solo assicurerà che il tuo libro sia facilmente leggibile, ma contribuirà anche a renderlo esteticamente attraente per i tuoi lettori. Presta quindi grande cura a questo aspetto, poiché una presentazione impeccabile può fare la differenza nella percezione complessiva del tuo lavoro.

- *Copertina*: Se il tuo libro richiede una copertina, carica un file di copertina attraente e di alta qualità. La copertina è la prima cosa che i potenziali lettori vedranno, quindi dev'essere accattivante e rappresentare il contenuto del libro.

Impostazione dei Dettagli del Libro:
Attrarre il Pubblico Giusto

Una volta che il tuo contenuto è pronto, è il momento di concentrarsi sui dettagli del libro che cattureranno l'attenzione dei lettori:

- *Titolo e Descrizione*: Assegna un titolo che sia accattivante e che catturi l'essenza del tuo libro. La descrizione del libro è altrettanto importante: deve essere persuasiva e presentare in modo efficace ciò che i lettori possono aspettarsi dal tuo libro.

- *Categorie e Tag*: Scegli attentamente le categorie e i tag appropriati per il tuo libro. Questi aiuteranno i lettori a trovarlo nelle ricerche e nelle categorie pertinenti. Una categorizzazione accurata è essenziale per massimizzare la visibilità del tuo libro.

- *Prezzo*: La determinazione del prezzo è una parte critica della strategia di pubblicazione. Dovrai considerare i costi di produzione e distribuzione, ma anche l'analisi dei prezzi dei tuoi concorrenti nella tua nicchia di mercato. Sperimenta con diverse fasce di prezzo per trovare quella più redditizia per te.

Verifica e Approvazione: La Qualità è la Tua Priorità

La fase di verifica e approvazione è cruciale per garantire che il tuo libro sia privo di errori e pronto per essere pubblicato:

- *Revisione Completa*: Prima di procedere con la pubblicazione del tuo libro, è assolutamente essenziale eseguire una revisione completa e approfondita. Dedica tempo a esaminare attentamente ogni aspetto, dalla formattazione all'ortografia e alla grammatica. Ricorda che la prima impressione è cruciale, e un libro privo di errori contribuirà in modo significativo a migliorare la tua reputazione e la tua credibilità come autore. Non trascurare questo passaggio fondamentale, poiché rappresenta il primo passo verso il successo editoriale.

- *Revisione sulla Piattaforma*: Dopo aver eseguito una revisione interna, invia il tuo libro per la revisione sulla piattaforma di self-publishing scelta. Questo passaggio è fondamentale per garantire che il tuo libro rispetti le linee guida della piattaforma.

Pubblicazione Effettiva: Il Momento di Brillare

Dopo aver superato la fase di verifica e approvazione, è finalmente il momento di pubblicare il tuo libro. Puoi scegliere di pubblicarlo in formato digitale o stampato, a seconda delle opzioni offerte dalla piattaforma.

Prezzo e Strategie di Vendita: Ottimizzare il Rendimento

Una volta che il tuo libro è pubblicato, devi affrontare l'importante questione del prezzo e delle strategie di vendita.

Determinare il Prezzo: Equilibrio tra Costi e Redditività

La determinazione del prezzo richiede un'analisi attenta:

- *Costi di Produzione e Distribuzione*: Considera i costi che hai sostenuto per creare e pubblicare il tuo libro, inclusi costi di formattazione, design e pubblicazione. Assicurati di coprire questi costi con il prezzo del libro.

- *Analisi dei Concorrenti*: Studia i prezzi dei tuoi concorrenti nella tua nicchia di mercato. Questo ti darà un'idea di come il tuo libro si posiziona sul mercato.

- *Sperimentazione*: Non avere paura di sperimentare con diverse fasce di prezzo. Monitora le vendite e apporta modifiche in base ai risultati.

Tieni presente che un prezzo troppo alto potrebbe scoraggiare i potenziali acquirenti, mentre un prezzo troppo basso potrebbe influire sulla tua redditività.

Strategie di Vendita: Massimizzare il Successo

Una volta impostato il prezzo, è il momento di implementare strategie di vendita per promuovere il tuo libro e aumentare le vendite:

- *Sconti e Promozioni*: Offri occasionalmente sconti o promozioni per attirare nuovi clienti. Questo può essere particolarmente efficace durante le festività o gli eventi speciali.

- *Programmi di Affiliazione e Collaborazioni*: Considera l'opportunità di collaborare con altri autori o utilizzare programmi di affiliazione per aumentare la visibilità dei tuoi libri.

- *Recensioni e Prova Sociale*: Chiedi recensioni ai tuoi lettori e utilizzale come prova sociale. Le recensioni positive possono influenzare positivamente le decisioni d'acquisto dei potenziali lettori.

- *Monitoraggio e Ottimizzazione*: Non dimenticare di monitorare le prestazioni delle tue strategie di vendita. Utilizza dati e analisi per apportare modifiche e migliorare costantemente le tue tattiche di marketing e vendita.

La pubblicazione e la distribuzione dei tuoi low content book richiedono pianificazione, dedizione e attenzione ai dettagli. Scegli le piattaforme giuste, prepara il tuo contenuto con cura e implementa strategie di prezzo e vendita intelligenti per massimizzare il successo del tuo business di editoria a basso contenuto. Ricorda che il successo può richiedere tempo, ma con impegno e perseveranza, puoi raggiungere i tuoi obiettivi come autore indipendente. Buona pubblicazione!

CAPITOLO 5

Marketing e Promozione

Una volta che hai creato e pubblicato i tuoi low content book, è fondamentale promuoverli in modo efficace per raggiungere un pubblico più ampio e aumentare le tue vendite. In questo capitolo, esamineremo approfonditamente diverse strategie di marketing online, l'utilizzo dei social media e come sfruttare collaborazioni e recensioni per promuovere i tuoi libri.

Strategie di Marketing Online per i Tuoi Low Content Books

Il marketing online è un elemento chiave per il successo nell'editoria a basso contenuto. Ecco alcune strategie da considerare:

1. *Sito Web e Blog*: Crea un sito web dedicato ai tuoi low content book. Assicurati che sia ben progettato e facile da navigare. Utilizza un blog per condividere contenuti correlati, come articoli sul tuo processo creativo o suggerimenti per i tuoi lettori. L'obiettivo è creare un hub

informativo per attirare i visitatori e presentare i tuoi prodotti in modo convincente.

2. *Email Marketing*: Raccogli indirizzi email dai tuoi clienti e potenziali clienti e crea una strategia di email marketing efficace. Invia loro aggiornamenti regolari, offerte speciali e contenuti esclusivi. Gli strumenti di automazione dell'email possono semplificare questo processo, consentendoti di segmentare il pubblico e inviare messaggi mirati.

3. *Pubblicità Online*: Utilizza la pubblicità online in modo strategico. Puoi utilizzare Google Ads per raggiungere un pubblico in cerca di prodotti simili ai tuoi. Inoltre, le piattaforme di social media come Facebook, Instagram e Pinterest offrono opzioni di pubblicità altamente mirate. Puoi impostare budget giornalieri o settimanali per controllare le spese pubblicitarie e monitorare le conversioni per ottimizzare le campagne.

4. *SEO (Search Engine Optimization)*: Assicurati che il tuo sito web e le pagine di prodotto siano ottimizzati per i motori di ricerca. Questo significa utilizzare parole chiave pertinenti nei titoli, nelle descrizioni e

nei contenuti. Inoltre, cerca di ottenere backlink da fonti autorevoli per aumentare la visibilità dei tuoi libri online.

5. *Collaborazioni con Influencer*: Cerca influencer nella tua nicchia di mercato e collabora con loro per promuovere i tuoi prodotti. Gli

influencer possono recensire i tuoi libri, realizzare video di unboxing che svelano il fascino del tuo prodotto in tempo reale oppure presentare i tuoi prodotti al loro pubblico. Assicurati di scegliere influencer il cui pubblico è allineato con il tuo target di clientela per massimizzare l'efficacia della tua campagna raggiungendo persone più interessate ai tuoi libri.

Utilizzo dei Social Media per la Promozione

I social media sono un mezzo potente per promuovere i tuoi low content books. Ecco come farlo:

1. *Creazione di Profili*: Crea profili aziendali o autoriali su piattaforme come Facebook, Instagram, Twitter e Pinterest. Assicurati che

l'aspetto e la voce della tua presenza sui social media siano coerenti con il tuo marchio.

2. *Contenuti Coinvolgenti*: Condividi contenuti coinvolgenti, come immagini dei tuoi libri in situazioni reali, estratti interessanti, dietro le quinte del tuo processo creativo e storie di successo dei tuoi clienti. L'obiettivo è suscitare l'interesse del pubblico e incoraggiare l'interazione.

3. *Utilizzo di Hashtag*: Utilizza hashtag pertinenti per aumentare la visibilità delle tue pubblicazioni. Ricerca e utilizza hashtag popolari nel tuo settore, ma crea anche hashtag unici per promuovere i tuoi libri in modo distintivo.

4. *Coinvolgimento degli Utenti*: Rispondi attivamente ai commenti e ai messaggi dei tuoi seguaci. Coinvolgi il tuo pubblico con domande, sondaggi, concorsi e sondaggi. La partecipazione interattiva può aumentare l'engagement e la fedeltà dei tuoi seguaci.

5. *Pianificazione dei Contenuti*: Utilizza strumenti di pianificazione dei contenuti per mantenere una presenza costante sui social media.

Pianifica anticipatamente i tuoi post in modo da poter mantenere una coerenza e una regolarità nella pubblicazione dei contenuti.

Collaborazioni e Recensioni

Le collaborazioni e le recensioni possono aumentare la credibilità dei tuoi libri e contribuire a generare interesse. Ecco come farlo:

1. *Collaborazioni con Altri Autori*: Cerca autori di low content book che siano disposti a collaborare. Potreste organizzare bundle di libri, scambi di promozione o anche scrivere libri congiunti su temi correlati. La collaborazione può ampliare la tua base di fan e aumentare le vendite.

2. *Recensioni da Parte dei Clienti*: Chiedi ai tuoi clienti di lasciare recensioni sincere sui tuoi libri. Le recensioni positive possono

influenzare l'acquisto degli altri. Incentiva i clienti a condividere le loro opinioni dopo aver utilizzato i tuoi prodotti.

3. *Recensioni da Parte di Blogger o YouTuber*: Identifica blogger o YouTuber rilevanti nel tuo settore e invia loro copie gratuite dei tuoi libri. Chiedi loro di recensire i tuoi prodotti in modo obiettivo e trasparente. Le recensioni da parte di fonti esterne possono aumentare la fiducia dei potenziali acquirenti.

4. *Partecipazione a Eventi Online*: Partecipa a webinar, podcast o fiere virtuali per presentare i tuoi libri a un pubblico più ampio. Queste opportunità offrono visibilità e l'opportunità di stabilire connessioni con altri professionisti del settore e potenziali acquirenti.

Con l'implementazione di queste strategie di marketing e promozione, puoi aumentare notevolmente la visibilità e il successo dei tuoi low content book. Ricorda che il marketing è un processo continuo, quindi continua a monitorare e adattare le tue tattiche in base ai risultati per ottenere i migliori risultati nel tempo.

CAPITOLO 6

Gestione del Business e Ottimizzazione

Nel mondo dell'editoria a basso contenuto, il successo non è solo una questione di creare prodotti attraenti, ma anche di gestire il tuo business in modo intelligente e di cercare costantemente di migliorare. In questo capitolo, approfondiremo le strategie e le pratiche chiave per garantire che il tuo business di editoria a basso contenuto prosperi nel lungo termine.

Monitorare le vendite e i dati

Una gestione efficace del tuo business inizia con una conoscenza dettagliata delle tue vendite e dei dati correlati. Ecco alcune azioni importanti da intraprendere:

1. *Segui le vendite con precisione*: Utilizza gli strumenti analitici forniti dalle piattaforme di self-publishing per monitorare le tue vendite giornaliere e mensili. Questo ti permetterà di identificare

tendenze stagionali e di adattare la tua strategia di marketing di conseguenza. Ad esempio, potresti scoprire che durante le festività natalizie le vendite aumentano, e puoi pianificare promozioni speciali per quel periodo.

2. *Analisi approfondita dei dati*: Dedica del tempo ad un'attenta analisi dei dati per individuare con precisione quali dei tuoi prodotti stiano ottenendo risultati superiori e quali potrebbero trarre vantaggio da un miglioramento. Effettua una comparazione delle prestazioni tra le diverse categorie di prodotti al fine di identificare le aree in cui hai conseguito i migliori risultati e concentra le tue risorse su queste ultime.

3. *Strategia di prezzi dinamici*: Rappresenta un elemento cruciale nell'arsenale di tattiche di vendita. La flessibilità dei prezzi può rivelarsi un potente strumento per incrementare le vendite in modo significativo. Ti invitiamo a considerare l'opportunità di adottare sconti strategici durante le festività o eventi speciali al fine di stimolare l'interesse degli acquirenti e incentivare gli acquisti. Inoltre, è fondamentale monitorare costantemente il panorama competitivo e, in base a queste informazioni, regolare i tuoi prezzi in modo

appropriato per mantenere una posizione di competitività solida e duratura.

Gestire le recensioni dei clienti

Le recensioni dei clienti possono avere un impatto significativo sul successo dei tuoi libri a basso contenuto. Ecco come gestirle in modo efficace:

1. *Rispondi sempre alle recensioni*: Che siano positive o negative, rispondi sempre in modo cortese e professionale. Evidenzia l'apprezzamento per le recensioni positive, dimostrando gratitudine per il supporto dei tuoi clienti. Quando si tratta di recensioni negative, affronta le preoccupazioni dei clienti con empatia e cerca soluzioni per risolvere i problemi.

2. *Usa il feedback per migliorare*: Il feedback dei clienti è una preziosa fonte di informazioni. Prendi in considerazione i suggerimenti e le critiche costruttive per apportare miglioramenti ai

tuoi prodotti. Se noti commenti ricorrenti su aspetti specifici, impegnati a soddisfare quelle esigenze.

3. *Incentiva le recensioni*: Chiedi ai tuoi clienti di condividere le loro opinioni attraverso recensioni. Puoi motivarli offrendo piccoli incentivi come sconti sui futuri acquisti o contenuti gratuiti. Questa pratica può aiutare a raccogliere più feedback e a costruire una solida reputazione.

Scalare il tuo business di editoria a basso contenuto

Una volta che hai stabilito una base solida e consolidato la tua presenza sul mercato, puoi iniziare a esplorare strategie per far crescere il tuo business. Ecco alcune considerazioni:

1. *Espandi il tuo catalogo*: Continua a creare nuovi prodotti per coprire una gamma più ampia di nicchie di mercato. Puoi anche valutare la possibilità di tradurre i tuoi titoli per raggiungere un pubblico internazionale. L'espansione del catalogo può portare a un aumento delle vendite e dell'interesse.

2. *Assumi assistenti*: Se le tue vendite stanno crescendo costantemente, potresti dover considerare l'assunzione di assistenti per aiutarti con le attività di creazione e gestione. Questo ti permetterà di gestire un carico di lavoro più ampio e di concentrarti su strategie di crescita.

3. *Automatizza i processi*: Investi in strumenti e software che possono automatizzare parti del tuo flusso di lavoro. La formattazione e la pubblicazione dei tuoi libri possono essere semplificate tramite l'automazione, risparmiando tempo prezioso.

4. *Esplora nuovi canali di vendita*: Oltre alle piattaforme di self-publishing, considera la possibilità di vendere i tuoi prodotti su altri canali online, come Etsy o attraverso il tuo sito web. Questa diversificazione delle fonti di reddito può contribuire a stabilizzare il tuo business.

5. *Costruisci un marchio solido*: Investi nell'edificazione di un marchio forte per differenziarti dalla concorrenza. Focalizzati sulla cura della tua presenza online e sulla costruzione di relazioni a lungo

termine con i tuoi clienti. La fidelizzazione dei clienti può portare a vendite ripetute e al passaparola positivo.

In conclusione, la gestione oculata e l'ottimizzazione costante sono fondamentali per il successo nel mondo dell'editoria a basso contenuto. Con una buona comprensione dei dati, una gestione efficace delle recensioni dei clienti e una strategia di crescita ben pianificata, potrai massimizzare il potenziale di guadagno del tuo business di libri a basso contenuto. Continua a monitorare, migliorare e adattarti alle mutevoli esigenze del mercato per assicurarti che il tuo business prosperi nel tempo.

CAPITOLO 7

Risorse e Strumenti Utili

1. *Amazon KDP (Kindle Direct Publishing)*: Amazon KDP è una delle principali piattaforme di self-publishing al mondo. Offre un'enorme esposizione per i tuoi low content book, consentendoti di raggiungere milioni di potenziali clienti su Amazon. Puoi pubblicare sia ebook che copie fisiche dei tuoi libri attraverso KDP.

2. *Etsy*: Etsy è noto come un mercato online per prodotti artigianali e personalizzati, ma è anche un ottimo posto per vendere i tuoi low content book. La piattaforma è ideale per autori che desiderano raggiungere un pubblico interessato a prodotti creativi e unici.

3. *Lulu*: Lulu è un altro servizio di self-publishing che offre flessibilità nella pubblicazione e distribuzione dei tuoi libri. Puoi utilizzare Lulu per creare ebook, copie fisiche o entrambi, e distribuirli su diverse piattaforme.

4. *Canva*: Canva è uno strumento di design online che semplifica la creazione di copertine accattivanti e contenuti interni per i tuoi low content book. Puoi personalizzare facilmente i tuoi progetti utilizzando modelli predefiniti o creare design personalizzati.

5. *Gumroad*: Gumroad è una piattaforma che ti consente di vendere prodotti digitali direttamente ai tuoi clienti. È una buona opzione per la vendita diretta dei tuoi libri, consentendoti di mantenere un maggiore controllo sulla distribuzione e il prezzo.

6. *Libri CreateSpace*: CreateSpace è ora parte di Amazon e offre un servizio di self-publishing che ti permette di creare copie fisiche dei tuoi low content book. Puoi distribuire facilmente queste copie tramite Amazon.

7. *Adobe InDesign*: Se desideri una maggiore flessibilità nella creazione di libri di alta qualità, Adobe InDesign è un software professionale di impaginazione e design che potresti considerare. È particolarmente utile se hai esperienza in design e desideri creare libri personalizzati.

8. *Publisher Rocket*: Questo strumento è specificamente progettato per gli autori di libri e ti aiuta a trovare parole chiave rilevanti per ottimizzare le tue liste su Amazon. Può essere prezioso per aumentare la visibilità dei tuoi libri.

9. *Pixlr*: Pixlr è un editor di immagini online gratuito che può essere utile per modificare le immagini e le grafiche dei tuoi libri. Assicurati che le immagini siano nitide e di alta qualità per attirare i lettori.

Comunità Online e Forum di Supporto:

1. *KDP Community*: Il forum ufficiale di Kindle Direct Publishing di Amazon è un luogo eccellente per condividere le tue esperienze, fare domande e ottenere consigli da altri autori indipendenti. Puoi anche trovare risorse informative fornite dalla stessa Amazon.

2. *Low Content Publishing Mastery (Gruppo Facebook)*: Questo gruppo attivo su Facebook è dedicato all'editoria a basso contenuto. È un luogo ideale per condividere idee, strategie di marketing e ricevere feedback sulla tua attività di self-publishing.

3. *Reddit Self-Publishing*: La comunità su Reddit dedicata all'editoria indipendente è un altro ottimo luogo per connettersi con altri autori e discutere di argomenti relativi all'editoria a basso contenuto. Puoi trovare consigli preziosi e risorse condivise dagli stessi autori.

4. *KBoards Writers' Cafe*: Questo forum di discussione è frequentato da autori indipendenti che discutono vari aspetti dell'editoria, inclusi i low content books. Puoi partecipare alle discussioni, fare domande e imparare dalle esperienze degli altri.

5. *Low Content Publishing on Etsy (Gruppo Facebook)*: Se stai vendendo i tuoi low content books su Etsy, questo gruppo di supporto su Facebook è un luogo ideale per connetterti con altri venditori e condividere strategie di successo.

6. *Goodreads Indie Authors and Publishers Group*: Se desideri promuovere i tuoi libri e connetterti con altri autori indipendenti, la comunità su Goodreads offre un luogo per farlo. Puoi partecipare alle discussioni, partecipare a eventi e promuovere i tuoi libri.

7. *Self-Publishing School Community*: Se stai cercando corsi e supporto per il tuo percorso di self-publishing, questa comunità online può essere una risorsa preziosa. Puoi imparare dalle esperienze di altri autori e accedere a risorse educative.

Assicurati di sfruttare appieno queste risorse, strumenti e comunità per migliorare la tua attività di self-publishing di low content books. La condivisione di idee, l'apprendimento dagli altri e la ricerca di feedback sono passi cruciali per il successo nel mondo dell'editoria indipendente.

CAPITOLO 8

Suggerimenti Avanzati e Strategie di Successo

Benvenuti al Capitolo 8, dedicato a esplorare strategie avanzate e consigli per il successo nel mondo dell'editoria a basso contenuto. In questa sezione, approfondiremo ulteriormente queste tattiche per aiutarti a massimizzare i tuoi profitti e ti presenteremo alcune storie di successo da cui trarre ispirazione.

Consigli Avanzati per Massimizzare i Profitti:

1. *Diversificazione del Portfolio*: Amplia il Tuo Orizzonte

La diversificazione è la chiave del successo nel mondo dell'editoria a basso contenuto. Non limitarti a un solo tipo di low content book. Espandi la tua gamma di prodotti per coprire una vasta gamma di nicchie e mercati. Questo ti permetterà di raggiungere un pubblico più ampio e di ridurre il rischio associato a una singola nicchia. Considera di sviluppare libri di pianificazione giornaliera, rubriche personali, quaderni di appunti e libri da colorare. La diversificazione ti consentirà di soddisfare le esigenze di diverse categorie di clienti.

2. *Collaborazioni Strategiche: Cresci con Altri*

Le collaborazioni possono essere un motore di crescita potentissimo. Collabora con altri autori, artisti o influencer nel tuo settore per creare prodotti congiunti. Questa strategia non solo aumenta la visibilità del tuo marchio, ma può anche portare a una maggiore vendita incrociata. Ricorda di scegliere collaboratori che si allineino con la tua visione e i tuoi valori. Potresti unirti a un artista per creare una serie di quaderni da colorare con le sue illustrazioni, sfruttando la sua base di fan per promuovere il tuo lavoro.

3. *Pricing Strategico: Trova il Punto Ottimale*

Sperimenta con diverse strategie di prezzo per massimizzare i tuoi profitti. Ad esempio, puoi offrire alcuni prodotti a prezzi più bassi per attirare i clienti e quindi vendere prodotti premium a un prezzo più elevato. Monitora attentamente le tue vendite e adatta i prezzi in base ai feedback dei clienti e alle tendenze di mercato. Potresti scoprire che una fascia di prezzo leggermente superiore ti consente di ottenere un margine di profitto significativamente migliore senza compromettere le vendite.

4. *Programmi di Affiliazione: Espandi la Tua Rete di Marketing*

I programmi di affiliazione possono aiutarti a espandere la tua rete di marketing in modo efficace. Crea programmi di affiliazione invitando altri a promuovere i tuoi prodotti in cambio di una commissione sulle vendite. Questo può amplificare la tua visibilità e portare nuovi clienti al tuo business. Collabora con blogger oppure con influencer nella tua nicchia per promuovere i tuoi prodotti tramite recensioni e post sponsorizzati.

5. Vendite Seasonali e Eventi Speciali: Sfrutta il Calendario

Sfrutta le festività e gli eventi speciali per creare prodotti tematici. Questi possono avere una domanda maggiore in determinati periodi dell'anno. Pianifica in anticipo e crea prodotti unici che catturino l'attenzione dei tuoi clienti durante queste occasioni. Durante la stagione natalizia, potresti creare planner e quaderni con temi natalizi per attirare i consumatori in cerca di regali.

Storie di Successo da Parte di Editori di Low Content Books:

1. *Caso di Studio 1 - Sara's Planners: La Via del Successo*

Sara ha dimostrato in modo tangibile che la perseveranza e l'applicazione di strategie di marketing mirate possono condurre a risultati straordinari. Partendo dall'offerta di planner settimanali personalizzati, ha sapientemente costruito un marchio solido e ha canalizzato risorse nell'implementazione di strategie pubblicitarie online. Nel corso di un solo anno, ha conseguito un profitto netto che ha superato la soglia dei $50,000. La sua straordinaria storia ci insegna quanto sia fondamentale investire nel potenziamento del proprio marchio e promuovere in modo proattivo i propri prodotti al fine di conseguire non solo risultati economici eccezionali, ma anche una profonda gratificazione personale e successo professionale.

2. Caso di Studio 2 - John's Coloring Books: Il Potere dell'Artista Locale

John ha mostrato come una combinazione di collaborazioni strategiche e qualità dei prodotti può portare a un successo duraturo. Collaborando con un artista locale, ha creato libri da colorare per adulti che hanno rapidamente guadagnato popolarità su Etsy grazie a una solida strategia SEO. La sua storia sottolinea l'importanza di investire nella qualità dei prodotti e di utilizzare le piattaforme online per raggiungere il pubblico desiderato.

3. Caso di Studio 3 - Emily's Journals: Costruire Relazioni Durature

Emily ci insegna l'importanza di costruire relazioni autentiche con i clienti. Concentrandosi su diari personalizzati per bambini e mantenendo un rapporto diretto con i clienti attraverso una newsletter, ha creato una base di clienti fedeli che ha contribuito a incrementare i suoi profitti. La sua storia dimostra che il servizio clienti e la fiducia sono fondamentali nel settore dell'editoria a basso contenuto.

4. Caso di Studio 4 - Mike's Niche Focus: Il Successo nella Specializzazione

Mike ha dimostrato che la specializzazione può portare a un successo straordinario. Concentrandosi su libri di allenamento per triatleti, ha costruito una comunità dedicata di clienti. Il suo approccio mirato gli ha permesso di ottenere un alto margine di profitto grazie alle vendite ripetute e al passaparola. La sua storia ci insegna che la profonda conoscenza di una nicchia di mercato può essere estremamente redditizia.

Studia attentamente queste storie di successo e considera come puoi applicare le strategie di questi editori di low content book al tuo business. La diversificazione, il marketing intelligente,

CAPITOLO 9

Sfide Comuni e Come Superarle

Nel percorso dell'editoria a basso contenuto, incontrerai una serie di sfide che metteranno alla prova la tua determinazione, la tua creatività e la tua capacità di adattamento. Questo capitolo esplorerà alcune delle sfide più comuni e ti fornirà strategie approfondite per superarle con successo, aiutandoti a costruire un business di editoria a basso contenuto solido e sostenibile nel tempo.

Affrontare la Concorrenza

La concorrenza è una componente naturale di qualsiasi settore, e l'editoria a basso contenuto non fa eccezione. Tuttavia, è importante comprendere che la competizione può essere uno stimolo per migliorare e innovare. Di seguito, troverai alcune strategie avanzate per affrontare la concorrenza in modo efficace:

1. *Ricerca di Mercato Approfondita*: Mantenere un occhio attento sulla concorrenza è fondamentale, ma vai oltre. Effettua una ricerca di mercato approfondita per identificare tendenze emergenti e opportunità non sfruttate. Impara dagli autori di successo nel tuo settore e adatta le tue strategie di conseguenza.

2. *Differenziazione Creativa*: Trovare un modo per distinguerti dalla massa è cruciale. Non limitarti a creare design unici; cerca di sviluppare un'autentica identità di marca che risuoni con il tuo pubblico. Offri contenuti personalizzati per un pubblico di nicchia, mostrando così il tuo impegno nella soddisfazione delle esigenze specifiche dei tuoi clienti.

3. *Collaborazioni Strategiche*: Esplora opportunità di collaborazione con altri autori o professionisti del settore. Una collaborazione ben pianificata può espandere il tuo pubblico e portare nuove idee al tavolo.

4. *Marketing Avanzato*: Investi in strategie di marketing avanzate, come la pubblicità mirata su piattaforme social e l'ottimizzazione per i

motori di ricerca. Il marketing intelligente può darti un vantaggio competitivo significativo.

5. *Monitoraggio Costante*: Continua a monitorare da vicino il panorama competitivo e apporta modifiche alle tue strategie di conseguenza. L'adattamento è fondamentale per rimanere rilevanti nel tempo.

Gestire i Diritti d'Autore e le Questioni Legali

La gestione dei diritti d'autore e delle questioni legali è un aspetto critico dell'editoria a basso contenuto. Evitare problemi legali è essenziale per mantenere la tua reputazione e proteggere il tuo business. Ecco come affrontare questa sfida in modo completo:

1. *Rispetto Assoluto dei Diritti d'Autore*: Non prendere mai alla leggera i diritti d'autore. Assicurati di avere il diritto legale di utilizzare qualsiasi immagine o testo nei tuoi low content books. Acquista le licenze necessarie quando richiesto e rispetta rigorosamente i termini delle licenze.

2. *Consulenza Legale Specializzata*: Inoltre, considera l'opportunità di consultare un avvocato specializzato in diritto d'autore e proprietà intellettuale. Un consulente legale esperto può aiutarti a navigare attraverso complesse questioni legali e a evitare potenziali trappole.

3. *Monitoraggio Costante dei Cambiamenti Normativi*: Le leggi sul copyright e la proprietà intellettuale possono cambiare nel tempo. Mantieni sempre aggiornata la tua conoscenza legale e adatta le tue pratiche di conseguenza.

4. *Creazione di Contenuti Originali*: Una delle migliori strategie per evitare dispute legali è quella di creare contenuti originali. Quando possibile, sviluppa idee e design unici che non soltanto ti proteggono legalmente, ma possono anche distinguerti nel mercato.

Mantenere la Motivazione e la Consistenza

Mantenere la motivazione e la consistenza nel lungo periodo è una delle sfide più significative per un editore di low content book. Ecco alcune strategie avanzate per farlo con successo:

1. *Obiettivi SMART*: Non limitarti a definire obiettivi vaghi; utilizza il principio degli obiettivi SMART (Specifici, Misurabili, Attraenti, Realistici, Temporali). Questo ti darà una direzione chiara e misurabile per il tuo successo.

2. *Pianificazione Strategica*: Crea un piano editoriale dettagliato e rispettalo scrupolosamente. Includi scadenze e milestone chiare per ogni progetto. La coerenza nella pubblicazione è fondamentale per costruire una base di lettori fedeli.

3. *Rete di Supporto*: Partecipa attivamente a gruppi e comunità online di editoria a basso contenuto. Il supporto di altri autori può essere una fonte di ispirazione, collaborazione e motivazione. Condividere esperienze e strategie con colleghi può aiutarti a superare i momenti difficili.

4. *Auto-Curiosità*: Promuovi la tua crescita personale e professionale. Continua a imparare e svilupparsi come autore, designer e imprenditore. L'auto-curiosità ti aiuterà a rimanere motivato e innovativo nel tuo settore.

5. *Gestione dello Stress e del Blocco Creativo*: Riconosci che ci saranno momenti di stress e blocchi creativi lungo il percorso. Prenditi del tempo per rilassarti, praticare la meditazione o l'attività fisica, e ripristina la tua creatività. Il burnout può essere dannoso per la tua motivazione e produttività.

Affrontare queste sfide richiede un impegno costante e una mentalità resiliente. Tuttavia, con le giuste strategie e l'approccio adeguato, puoi superarle con successo e continuare a progredire nel tuo business di editoria a basso contenuto. Ricorda sempre di mantenere un atteggiamento positivo e di vedere le sfide come opportunità per crescere e migliorare. Il tuo successo dipende dalla tua perseveranza e dalla tua dedizione al tuo mestiere.

Continua a lavorare duramente e a imparare dagli ostacoli che incontri lungo il percorso. Queste sfide sono parte integrante dell'esperienza di un editore di low content book di successo e ti porteranno alla realizzazione dei tuoi obiettivi.

CAPITOLO 10

Il Futuro dell'Editoria a Basso Contenuto

Nel capitolo finale di questo libro, immergiamoci più a fondo nelle tendenze emergenti nell'editoria a basso contenuto e nelle opportunità future che potrebbero non solo plasmare il settore ma anche rivoluzionarlo in modo significativo. Riconosciamo che prendere in considerazione il futuro è essenziale non solo per rimanere competitivi ma anche per anticipare e soddisfare le mutevoli esigenze del mercato.

Tendenze Emergenti nell'Editoria a Basso Contenuto

1. *Personalizzazione Estrema*: La crescita esponenziale della domanda di prodotti personalizzati sta spingendo l'editoria a basso contenuto verso una nuova era di personalizzazione estrema. Immagina un futuro in cui gli autori offriranno la possibilità ai loro lettori di plasmare completamente il prodotto secondo i loro gusti. Qui, i clienti potrebbero scegliere non solo il contenuto ma anche il layout, il design della copertina, i colori e persino i dettagli più specifici come la tipografia e gli elementi grafici. Questo grado di personalizzazione

porterà a opere uniche e ineguagliabili, dando agli autori la possibilità di servire un pubblico sempre più esigente.

2. *Integrazione Tecnologica*: Con la continua avanzata della tecnologia, vediamo emergere l'entusiasmante possibilità di integrazione di elementi digitali nei low content book. Questo significa che in futuro potremmo avere libri digitali interattivi che consentono agli utenti di inserire dati personali, annotazioni e persino di sincronizzare informazioni con altre app e dispositivi. Questa convergenza tra il mondo analogico e digitale potrebbe aprire nuove frontiere per la creatività e la funzionalità dei low content book.

3. *Sostenibilità Ambientale*: L'attenzione crescente all'ambiente sta spingendo gli autori di low content book a considerare nuove modalità di produzione più sostenibili. Materiali ecologici e processi di produzione a basso impatto ambientale potrebbero diventare la norma, riducendo l'impatto ambientale di questi prodotti. Gli autori che abbracciano la sostenibilità non solo contribuiranno alla salute del nostro pianeta, ma potrebbero anche attingere a un pubblico sempre più sensibile alle questioni ambientali.

4. *Crescente Domanda di Contenuti Educativi*: Con la crescita esplosiva dell'educazione online e dell'apprendimento a distanza, vediamo emergere opportunità significative per i low content book che supportano l'apprendimento e la formazione. Quaderni, planner e diari progettati specificamente per scopi educativi potrebbero diventare strumenti indispensabili per studenti di tutte le età.

L'editoria a basso contenuto potrebbe divenire una risorsa chiave per coloro che cercano di migliorare le proprie competenze e la propria istruzione.

Opportunità Future nel Settore

1. *Espansione Globale*: Il mercato dell'editoria a basso contenuto ha dimostrato un incredibile potenziale di espansione a livello globale. Esplorare nuovi mercati internazionali potrebbe non solo portare a un aumento significativo delle vendite ma anche a opportunità di collaborazione con autori provenienti da diverse culture e contesti. La diversità di prospettive e stili potrebbe portare a un arricchimento creativo senza precedenti.

2. *Piattaforme di Self-Publishing Innovative*: Le piattaforme di self-publishing continueranno a svilupparsi e a offrire nuovi strumenti e funzionalità per gli autori di low content book. Sfruttare appieno queste innovazioni non solo migliorerà l'efficienza ma potrebbe anche aumentare la qualità e l'appeal dei tuoi prodotti. L'automazione, la personalizzazione e la facilità d'uso saranno al centro di queste piattaforme.

3. *Collaborazioni e Partnership*: In un mondo sempre più interconnesso, le collaborazioni e le partnership diventeranno strategie chiave per espandere il proprio pubblico e aumentare le vendite. Collaborare con altri autori o brand complementari può portare a sinergie creative, condivisione di risorse e una maggiore visibilità su piattaforme diverse. Non sottovalutare il potere delle reti professionali.

4. *Diversificazione dei Prodotti*: Esplorare nuovi formati di prodotti potrebbe essere il passo successivo per diversificare la tua offerta. Considera la creazione di prodotti correlati come tazze personalizzate, magliette tematiche o accessori unici. Questa diversificazione non solo aumenterà le tue fonti di reddito ma potrebbe anche fidelizzare i tuoi clienti esistenti.

In conclusione, l'editoria a basso contenuto è un settore in continua evoluzione e promette un futuro entusiasmante. Mantenere uno sguardo attento alle tendenze emergenti e alle nuove opportunità è fondamentale per il successo a lungo termine nel mondo dei low content book. Ricorda che il successo richiede impegno, creatività e adattabilità, quindi sii aperto a nuove idee e pronto a evolvere con il mercato in costante cambiamento.

Conclusioni

Un Mondo Affascinante da Esplorare

In queste pagine, abbiamo intrapreso un affascinante viaggio attraverso dieci capitoli che abbracciano un vasto spettro dell'editoria a basso contenuto. Questi capitoli hanno rappresentato la nostra guida, conducendoci dall'introduzione di base alla scoperta dei segreti del successo in questo affascinante mondo. Prima di giungere alla conclusione di questa lettura, concediamoci un momento di riflessione per riepilogare quanto abbiamo acquisito e per gettare uno sguardo avanti, esplorando le prospettive future dell'editoria a basso contenuto. Questo straordinario viaggio ci ha aperto nuove prospettive e ci ha dotato degli strumenti necessari per affrontare le sfide e cogliere le opportunità che ci attendono.

Capitolo 1: Introduzione all'Editoria Low Content

Abbiamo iniziato il nostro viaggio con una panoramica di cosa sia l'editoria a basso contenuto, aprendo la porta a un universo di opportunità imprenditoriali e creatività.

Capitolo 2: Identificare la Tua Nicchia di Mercato

Hai imparato l'importanza di trovare il tuo pubblico ideale e come farlo attraverso ricerche di mercato approfondite. Trovare la tua nicchia è la base su cui costruire il tuo successo.

Capitolo 3: Creare Contenuti di Alta Qualità

Abbiamo esplorato come creare contenuti attraenti e di alta qualità per soddisfare le esigenze dei tuoi lettori. Ricorda sempre che la qualità è ciò che distingue i tuoi prodotti.

Capitolo 4: Pubblicazione e Distribuzione

Hai dedicato tempo a esplorare le varie piattaforme di self-publishing e a sviluppare strategie efficaci per lanciare i tuoi prodotti sul mercato. Ora, comprendi quanto sia cruciale la tua presenza online per il successo del tuo lavoro.

Capitolo 5: Marketing e Promozione

Abbiamo esaminato le tattiche di marketing efficaci e come utilizzare i social media per promuovere i tuoi low content book. La visibilità è la chiave per attirare lettori e acquirenti.

Capitolo 6: Gestione del Business e Ottimizzazione

Hai imparato a gestire il tuo business in modo efficiente, monitorando le vendite e apportando miglioramenti costanti. L'innovazione è la chiave per la crescita continua.

Capitolo 7: Risorse e Strumenti Utili

Nel settimo capitolo del nostro percorso, ho messo a tua disposizione una serie di risorse e strumenti essenziali per agevolare ogni aspetto del tuo lavoro, dai primi passi della progettazione fino alla fase finale della pubblicazione e promozione. Ho selezionato attentamente queste risorse per assicurarti un supporto completo e prezioso nel raggiungimento dei tuoi obiettivi.

Capitolo 8: Suggerimenti Avanzati e Strategie di Successo

Hai esplorato strategie avanzate per differenziarti dalla concorrenza e crescere in modo sostenibile.

Capitolo 9: Sfide Comuni e Come Superarle

Abbiamo affrontato le sfide comuni che potresti incontrare nel tuo percorso e come affrontarle con determinazione e creatività.

Capitolo 10: Il Futuro dell'Editoria a Basso Contenuto

Infine, abbiamo gettato uno sguardo al futuro dell'editoria a basso contenuto, un mondo in continua evoluzione che offre infinite possibilità.

Questo libro è stato concepito per prepararti a entrare in questo entusiasmante settore e darti gli strumenti per avere successo. Ora, il futuro è nelle tue mani. Ricorda che ogni autore di successo è partito da dove sei ora. Continua a imparare, a crescere e ad adattarti. Che il tuo viaggio nell'editoria a basso contenuto sia ricco di successo e realizzazione personale. Buona fortuna!

MOTION
QUITION
QIUTION

Domande e Risposte

Nel corso di un'approfondita inchiesta condotta tra lettori appassionati di editoria a basso contenuto, ho raccolto una serie di domande e risposte che mettono in luce l'affascinante mondo dei "Low Content Book" al fine di analizzare la loro comprensione e le loro aspettative su questo mondo editoriale. Attraverso una serie di domande e risposte, sono state esplorate le sfide, le opportunità e le strategie di successo per chi desidera guadagnare con la pubblicazione di questi libri leggeri ma redditizi. I partecipanti all'inchiesta hanno condiviso le loro domande più pressanti e curiosità riguardo all'editoria a basso contenuto, ed ho cercato di fornire risposte esaurienti e informative. Che tu sia un aspirante autore, un artista o semplicemente interessato a scoprire di più su questo campo in crescita, queste domande e risposte ti aiuteranno a comprendere meglio come entrare nel mondo dei "Low Content Book" e a massimizzare il tuo potenziale nel settore dell'editoria a basso contenuto.

1. **Domanda**: Cos'è un "Low Content Book"?

Risposta: Un "Low Content Book" è un tipo di libro che contiene poco testo e si basa principalmente su elementi grafici come quaderni per appunti, diari, calendari, libri da colorare, ecc.

2. **Domanda**: Qual è l'obiettivo principale dell'editoria a basso contenuto?

Risposta: L'obiettivo principale è creare prodotti leggeri da vendere su piattaforme di self-publishing come Amazon Kindle Direct Publishing.

3. **Domanda**: Quali sono alcuni esempi di "Low Content Book"?

Risposta: Alcuni esempi includono quaderni per la pianificazione, diari per la meditazione, libri da colorare per adulti e calendari personalizzati.

4. **Domanda**: Chi può trarre vantaggio dalla pubblicazione di "Low Content Book"?

Risposta: Gli aspiranti autori, gli artisti, i grafici e chiunque abbia abilità creative possono trarre vantaggio da questa forma di editoria.

5. Domanda: Quali sono le migliori piattaforme per pubblicare "Low Content Book"?

Risposta: Amazon Kindle Direct Publishing (KDP) è una delle piattaforme più popolari, ma ci sono anche altre opzioni come Etsy.

6. Domanda: Come si fa a creare un "Low Content Book" di successo?

Risposta: È importante fare ricerca di mercato, progettare un prodotto di alta qualità e promuoverlo efficacemente.

7. Domanda: Quali sono le principali sfide nell'editoria a basso contenuto?

Risposta: La concorrenza è elevata, e la visibilità del tuo libro può essere una sfida. Inoltre, la qualità del design è cruciale.

8. Domanda: Quali sono i vantaggi di pubblicare "Low Content Book" rispetto ad altri tipi di libri?

Risposta: I "Low Content Book" richiedono meno scrittura e possono generare reddito passivo a lungo termine.

9. Domanda: Come si determina il prezzo di vendita di un "Low Content Book"?

Risposta: Il prezzo dipende dal tipo di libro, dalla sua lunghezza e dalla concorrenza sul mercato.

10. Domanda: È necessario essere un esperto in grafica per creare "Low Content Book"?

Risposta: Non è obbligatorio, ma avere competenze di base in grafica può essere utile.

11. Domanda: Quali sono alcune strategie di marketing efficaci per promuovere "Low Content Book"?

Risposta: Utilizzare le parole chiave corrette, creare una copertina accattivante e partecipare a gruppi e forum online possono essere strategie efficaci.

12. Domanda: Si possono vendere "Low Content Book" in formato cartaceo o solo in formato digitale?

Risposta: È possibile venderli in entrambi i formati, ma il formato digitale è più comune.

13. **Domanda**: C'è una stagionalità nel mercato dei "Low Content Book"?

Risposta: Sì, alcuni tipi di libri come i calendari sono più popolari in determinate stagioni.

14. **Domanda**: Quanto tempo ci vuole per vedere risultati significativi nella vendita di "Low Content Book"?

Risposta: Dipende dalla qualità del prodotto e dall'efficacia delle strategie di marketing, ma possono essere necessari mesi.

15. **Domanda**: Quali sono le tendenze attuali nell'editoria a basso contenuto?

Risposta: Le tendenze possono variare, ma temi come l'auto-miglioramento, la mindfulness e l'organizzazione personale sono spesso popolari.

16. **Domanda**: Quali sono i diritti d'autore da considerare quando si creano "Low Content Book"?

Risposta: È importante utilizzare solo contenuti originali o elementi su cui si hanno i diritti.

17. Domanda: Esistono risorse o strumenti utili per chi vuole iniziare con l'editoria a basso contenuto?

Risposta: Sì, ci sono molti tutorial online, software di grafica e gruppi di supporto per autori.

18. Domanda: Quali sono i potenziali guadagni nell'editoria a basso contenuto?

Risposta: I guadagni variano, ma alcune persone riescono a generare un reddito significativo vendendo "Low Content Book".

19. Domanda: Come si tiene traccia delle vendite e delle entrate dai "Low Content Book"?

Risposta: Le piattaforme di self-publishing forniscono solitamente report dettagliati sulle vendite e le entrate.

20. Domanda: Quali sono alcuni consigli finali per chi vuole avere successo nell'editoria a basso contenuto?

Risposta: Sii creativo, fai ricerca di mercato, investi nel design di alta qualità e impara dalle tue esperienze per migliorare continuamente.

Glossario

Low Content Book (LCB): Un Low Content Book è un tipo di pubblicazione che contiene principalmente immagini, design grafici o spazi vuoti da riempire. E' spesso utilizzati per scopi come diari, quaderni, planner, libri per colorare, libri da completare, ecc.

Self-Publishing: L'auto-pubblicazione è il processo mediante il quale gli autori pubblicano i propri libri senza l'intermediazione di case editrici tradizionali. È spesso utilizzato per pubblicare LCB.

Amazon KDP (Kindle Direct Publishing): Amazon KDP è una piattaforma di auto-pubblicazione che consente agli autori di caricare, pubblicare e vendere i propri libri in formato elettronico o cartaceo su Amazon.

Niche Selection: La selezione della nicchia si riferisce alla scelta di un argomento specifico o di un mercato di destinazione per la creazione di LCB. Una buona selezione di nicchia è essenziale per il successo.

Keywords (Parole chiave): Le parole chiave sono termini o frasi utilizzate dagli utenti per cercare prodotti su Amazon. Una ricerca accurata delle parole chiave è cruciale per ottimizzare la visibilità dei tuoi LCB.

Cover Design (Design di copertina): La copertina di un LCB è il suo biglietto da visita. Deve essere accattivante, rappresentare il contenuto e attirare potenziali acquirenti.

Interior Layout (Layout interno): Il layout interno si riferisce alla disposizione degli elementi all'interno del libro, inclusi gli spazi vuoti, i disegni, i testi e qualsiasi altra grafica.

Templates (Modelli): I modelli sono design predefiniti che possono essere personalizzati per creare LCB. Sono spesso utilizzati come base per i tuoi progetti.

Keyword Research (Ricerca delle parole chiave): La ricerca delle parole chiave è il processo di identificazione delle parole chiave rilevanti per la tua nicchia, che possono essere utilizzate per ottimizzare la visibilità del tuo libro su Amazon.

Marketplace (Mercato): Il marketplace si riferisce alla piattaforma di vendita online dove pubblichi i tuoi LCB. Amazon è uno dei marketplace più popolari per la vendita di LCB.

Promotion (Promozione): La promozione è il processo di pubblicizzazione dei tuoi LCB per attirare più acquirenti. Questo può includere pubblicità online, social media marketing e altrategie.

Reviews (Recensioni): Le recensioni sono feedback lasciati dagli acquirenti sui tuoi LCB. Recensioni positive possono aumentare la fiducia degli acquirenti.

Royalties (Royalties): Le royalties sono le commissioni che guadagni ogni volta che qualcuno acquista uno dei tuoi LCB. La percentuale di royalties varia a seconda delle condizioni del marketplace.

Publishing Schedule (Calendario di pubblicazione): Un calendario di pubblicazione è un piano che determina quando e quanti LCB pubblicherai. Un calendario regolare può aiutarti a mantenere una presenza costante sul mercato.

Market Trends (Tendenze di mercato): Le tendenze di mercato si riferiscono alle direzioni in cui si muove il mercato dei LCB. È importante monitorare le tendenze per rimanere competitivi.

Pricing Strategy (Strategia di prezzo): La strategia di prezzo riguarda la determinazione del prezzo dei tuoi LCB. Deve essere competitiva e riflettere il valore del prodotto.

Author Platform (Piattaforma dell'autore): La piattaforma dell'autore comprende il tuo sito web, i tuoi account sui social media e altri canali utilizzati per promuovere te stesso come autore e i tuoi LCB.

ISBN (International Standard Book Number): L'ISBN è un numero univoco assegnato a ciascun libro pubblicato. Può essere utile per identificare e tracciare i tuoi LCB.

Profit Margin (Margine di profitto): Il margine di profitto è la differenza tra il prezzo di vendita del tuo LCB e i costi di produzione. Deve essere sufficiente per generare un reddito significativo.

Customer Service (Servizio clienti): Fornire un buon servizio clienti è essenziale per soddisfare gli acquirenti e gestire eventuali problemi o domande.

Distribution (Distribuzione): La distribuzione riguarda la strategia e i canali utilizzati per mettere i tuoi LCB a disposizione del pubblico. Può includere la vendita su piattaforme online, in negozi fisici o attraverso distributori.

Marketing Campaign (Campagna di marketing): Una campagna di marketing è un insieme coordinato di attività volte a promuovere i tuoi LCB. Queste attività possono includere pubblicità online, e-mail marketing, promozioni sui social media e altro ancora.

Formatting (Formattazione): La formattazione si riferisce alla strutturazione e alla disposizione del testo e delle immagini all'interno del tuo LCB. Una formattazione accurata è essenziale per garantire che il libro sia leggibile e visivamente attraente.

Questi sono alcuni dei termini chiave associati al libro "Come Guadagnare con i Low Content Book" e all'auto-pubblicazione di LCB. Spero che questo glossario ti sia utile!

RINGRAZIAMENTI

Carissimi lettori,

Desidero ringraziarvi di cuore per il vostro tempo e il vostro interesse in questo libro. Scrivere un libro è un impegno significativo, e la vostra scelta di esplorare questo mondo è molto apprezzata.

Un sentito ringraziamento va anche alla mia famiglia, in particolare alle mie tre ragazze, per il loro sostegno costante durante tutto il processo di scrittura. Il loro incoraggiamento è stato fondamentale per portare a termine questo progetto.

Infine, vorrei esprimere la mia gratitudine a tutti coloro che hanno contribuito a rendere possibile la realizzazione di questo libro. Spero che le informazioni e le idee qui contenute siano state utili e ispiratrici per voi.

Questo libro è stato creato con l'obiettivo di essere una risorsa utile per chiunque desideri esplorare il mondo dell'editoria a basso contenuto e costruire un business di successo.

Con gratitudine,

Francesco Luca Giovanni